UN PEU PLUS DE LUMIÈRE

SUR

L'EXPLOITATION COMMERCIALE

DU GRAPHITE DE SIBÉRIE

PAR

LA MAISON A. W. FABER

1856 — 1900

Cette Brochure m'a été en quelque sorte dictée et moralement imposée par les Juges de la première Chambre du Tribunal civil de première Instance de Nuremberg.

Je la leur dédie comme un hommage rendu par ma reconnaissance à leur haute probité judiciaire.

J.-P. ALIBERT,
Officier de la Légion d'honneur.
2, rue Mazagran.

Paris, Janvier 1900.

I

Les héritiers du baron Lothaire de Faber avaient décidé de glorifier sa mémoire par l'érection d'une statue, destinée à faire revivre dans le bronze les traits de son intelligente et active physionomie.

La cérémonie avait été fixée au 12 juin 1899.

Les collaborateurs de M. Faber avaient été invités à s'associer, par voie de souscription, à cet hommage posthume.

Seul, je fus oublié; mais bien que n'ayant pas reçu d'invitation personnelle, je résolus, malgré mon âge avancé, de me rendre à Nuremberg pour le 12 juin. J'estimais que « le principal collaborateur de Faber » devait être présent à la fête, car plus que tout autre il avait qualité pour apporter son témoignage dans cette apothéose qu'on préparait. Ne devait-il pas aux générations présentes et futures la vérité sur ce grand industriel disparu, lui qui avait tant contribué à ses succès commerciaux en lui livrant, à crédit et avec son monopole exclusif, ce précieux graphite qu'il avait arraché, avec quelles peines et quel labeur, aux entrailles granitiques de la Sibérie?

Je vins donc à Nuremberg le 12 juin 1899, je m'y rendis avec un opuscule dans lequel j'avais consigné la vérité sur l'exploitation commerciale du graphite de Sibérie par la Maison A. W. Faber. Dans cet opuscule, je dénonçais « les procédés condamnables employés par le baron Lothaire de Faber pour me duper, me ruiner et confisquer à son unique profit ma découverte du graphite sibérien ».

Les héritiers de Faber avaient été prévenus de mes intentions, ils connaissaient le but et la portée de mon voyage.

Dès mon arrivée à Nuremberg, je fus enlacé dans un réseau d'intrigues et de manœuvres. Il ne suffisait plus aux héritiers de Faber que le chef de leur Maison m'eût spolié; à ma ruine matérielle, ils voulurent ajouter ma ruine morale.

Je fus dénoncé par eux aux juges de Nuremberg comme un malfaiteur, et, à leur instigation, poursuivi pour délit de tentative d'extorsion!

J'aurais pu, comme l'ont constaté les juges de Bavière, mettre la frontière entre moi et l'accusation, et, en toute sûreté dans mon pays de France, mépriser mes accusateurs et braver les juges.

J'ai pensé qu'une pareille attitude ne convenait ni à mon passé, ni à mon âge, ni à mon caractère.

Mes accusateurs m'offraient l'occasion d'un débat public; je l'ai saisi avec empressement.

Je me suis présenté, la tête haute, devant la première Chambre du Tribunal civil de Nuremberg. Je m'y suis expliqué, j'ai produit mes allégations accusatrices contre Faber, j'ai fourni les explications qui m'ont été demandées, j'ai réfuté les allégations des héritiers Faber, et les juges, après avoir entendu les accusateurs et l'accusé, voulant juger en conscience, ont été obligés de prononcer mon acquittement.

Voici les termes mêmes de leur jugement.

« Au nom de Sa Majesté le Roi de Bavière, la première Chambre correctionnelle du Tribunal civil de première Instance, dans la cause correctionnelle introduite contre Jean-Pierre Alibert, ingénieur, célibataire, à Paris, pour tentative d'extorsion, en son audience publique du 19 octobre 1899, où siégeaient le directeur du Tribunal civil Brügel, président, les conseillers baron de Harsdorf, Miesbach, Tauchert et Gunzenhaeuser, le substitut Diesel, et le gradué en droit Esper, comme greffier,

« A reconnu comme justice ce qui suit :

« Jean-Pierre Alibert, né le 22 mars 1820, à Montauban, ingénieur, célibataire, à Paris, est acquitté du délit de tentative d'extorsion et les dépens occasionnés sont mis à la charge de l'État. »

II

Le jugement qu'on vient de lire honore les magistrats qui l'ont rendu. Le baron Lothaire de Faber, s'il vivait encore, aurait-il l'outrecuidance de les traiter comme il traitait ceux de 1865, dans une lettre que j'ai produite, où il les qualifiait injurieusement en les appelant *mes juges* ?

Par leur jugement impartial, ces magistrats s'honorent grandement eux-mêmes; qu'il me soit permis, à moi Français, de dire : Ils honorent leur pays.

Ils ont prouvé que la Bavière d'aujourd'hui n'a pas à envier les juges de Berlin au temps du roi Frédéric le Grand.

Je n'aurais donc qu'à m'incliner avec respect et reconnaissance devant leur jugement, si ce jugement était renfermé tout entier dans les termes qu'on vient de lire; mais le dispositif du jugement est précédé d'un exposé des motifs qui m'invite, en quelque sorte, à rouvrir le débat qui restera toujours pendant entre les héritiers de Faber et moi, tant qu'il n'aura pas abouti à une solution équitable.

Je lis dans l'exposé des motifs les lignes suivantes :

«..... Mais c'est de la présomption lorsque Alibert, dans « son écrit « A mes lecteurs » se nomme le principal col- « laborateur du baron Lothaire de Faber; car la haute « considération dont la Maison A. W. Faber jouit notoire- « ment, doit être attribuée avant tout à l'habileté commer- « ciale, à la circonspection et à la haute intelligence du « baron Lothaire de Faber, qualités qui ont procuré à sa « Maison, outre la considération, de grandes richesses. »

Et plus loin je relève ce qui suit :

«..... Il ne put pas être établi avec certitude pour « quels motifs la conclusion de l'arrangement de 1878 « eut lieu. L'allégation d'Alibert qu'il avait cédé, con- « traint par la détresse, et que l'arrangement n'était nul-

« lement en rapport avec la situation réelle, n'a pas été « réfutée dans le cours des débats de vive voix. »

J'ai le devoir d'éclairer le public et les juges. Et, puisque ceux-ci estiment que les motifs de l'arrangement entre Faber et moi n'ont pas été suffisamment précisés, je vais fournir un supplément d'éclaircissement. On me demande un peu plus de lumière. Eh bien! faisons la lumière complète sur le baron Lothaire de Faber et sur ses torts à mon égard.

III

L'ingénieur J.-P. Alibert serait donc un présomptueux quand il se nomme le principal collaborateur du baron Lothaire de Faber? A cette accusation relevée dans les motifs du Jugement, il pourrait répondre que, si son verre est petit, il ne boit que dans son verre.

Il lui suffit de l'éclat qu'a jeté sur son nom et sur sa personne sa découverte du graphite de Sibérie. Il ne jalouse pas ceux qui se sont acquis par d'autres travaux une renommée, il n'a pas besoin, il le déclare avec un légitime orgueil, du renom de Faber pour se hausser.

Nul plus que lui n'est disposé à rendre hommage aux qualités qui ont brillé en M. le baron Lothaire de Faber.

Mais comment me refuser le titre de « principal collaborateur » de ce puissant industriel? Est-ce que tous les crayons en graphite sortis de la Maison A. W. Faber ne portent pas avec la marque de fabrique l'une ou l'autre des trois mentions suivantes ? *Graphite de Sibérie. — Graphite-Alibert. — Graphite de Sibérie de la mine Alibert.*

Et si on trouve que l'œuvre ne rend pas suffisamment justice à l'ouvrier, que ma collaboration à l'œuvre de Faber n'est pas suffisamment accusée, je vais invoquer des témoignages qu'on ne pourra pas récuser.

Je citerai d'abord celui de S. M. Maximilien II, roi de Bavière.

C'était en 1862, six ans après mon premier contrat avec la Maison A. W. Faber. La Bavière avait pris une grande part à l'Exposition internationale qui s'était ouverte à Londres, cette année.

A cette Exposition, M. Faber avait obtenu une médaille portant cette légende : « Pour crayons d'excellente « qualité, faits avec le graphite nouvellement découvert « en Sibérie. »

Frappé de la grande prépondérance que le monopole de l'exploitation du graphite de Sibérie avait donnée à la Maison A. W. Faber, S. M. le Roi Maximilien II me fit écrire par M. de Cetto, son ambassadeur à Londres, une lettre où il me dit :

« Le Roi, mon Auguste Maître, tient à reconnaître « les services éminents que vos recherches laborieuses « pour découvrir le graphite de Sibérie vous ont fait « rendre à l'industrie bavaroise. »

Après le témoignage du Roi, voici le témoignage de M. Lothaire Faber lui-même :

En 1856, comme je me trouvais à Paris avec M. Faber et que le comte Mouraview-Amourski, Gouverneur général de la Sibérie orientale, s'y trouvait également, j'eus l'honneur de lui présenter M. Faber.

Enthousiasmé des paroles élogieuses de ce dernier au sujet de la valeur du graphite de Sibérie, le comte s'écria :

« Mais c'est donc une mine d'or que M. Alibert a découverte ?

— Oui, Monsieur le comte, répondit M. Faber : c'est une mine d'or; car avec ce graphite, nous ferons de l'or. »

Pour finir par un dernier témoignage, voici un extrait de l'éloge funèbre du baron Lothaire de Faber prononcé sur son tombeau le jour de ses funérailles, et reproduit dans le numéro du jour du *Fränkischer Kurier* :

« . . . . . Au milieu de ses efforts (pour améliorer la qualité « des crayons), arriva subitement la nouvelle inattendue que l'on « avait trouvé ce que les Anglais cherchaient depuis bien long- « temps, ce qui était indispensable pour une bonne fabrication : « une nouvelle mine de graphite était découverte.

« M. J.-P. Alibert, Français de naissance, négociant de pre- « mière classe de Tavasthus, avait, en 1847, découvert en Sibérie, « dans un des rameaux de la chaîne du Saïan, sur le sommet du « rocher de Batougol, près des frontières de la Chine, un gise- « ment de graphite vierge. Il entreprit de suite les travaux pour « mettre à jour sa précieuse découverte, et, enfin, une mine du « graphite le plus pur se présenta.

« Ayant appris que la fabrique Faber était la plus grande qui « existât et qu'elle expédiait ses marchandises dans toutes les « parties du monde civilisé, M. Alibert s'adressa à elle avec la pro- « position d'un contrat. Après que la fabrique se fut convaincue « que le nouveau graphite égalait en qualité le meilleur graphite « de Cumberland, elle accepta avec empressement la proposition « de M. Alibert, et, en 1856, entre la Fabrique et M. Alibert,

« il fût conclu un contrat, sanctionné par le Gouvernement russe, « et dont la principale clause portait que tout le graphite pro- « venant des mines de Sibérie, dès à présent comme pour tout « l'avenir, ne devrait être livré qu'à la Fabrique « A. W. Faber ».

« En possession d'un stock énorme de graphite, dont la qua- « lité a été, par la théorie et par la pratique, déclarée à la hauteur « du graphite de Borrowdale, la fabrique A. W. Faber avait déjà, « dès 1856, préparé la fabrication des crayons avec le graphite « de Sibérie. Il ne s'agissait plus d'égaler la qualité des anciens « crayons de Cumberland, mais bien de la surpasser. . . . . »

Ma collaboration à l'œuvre commerciale du baron Lothaire de Faber ne saurait donc m'être justement déniée. Elle a existé, elle existe; elle existera effective même après ma mort, tant que la Maison A. W. Faber se recommandera du graphite de Sibérie.

J'ai hâte d'ajouter, parce que tel est mon sentiment, que cette collaboration ne diminue en rien les mérites propres de M. Lothaire de Faber.

Je m'associe à l'éloge que les motifs du jugement font de sa circonspection et de sa haute intelligence. Je reconnais que la Maison fondée par lui jouit notoirement d'une haute considération, et que cette considération doit être attribuée, avant tout, à son habileté commerciale. Oui, le baron Lothaire de Faber a été un habile commerçant; oui, il a eu toutes les habiletés et ses procédés à mon égard prouveront qu'il a eu même cette habileté particulière à laquelle les juges impartiaux donnent un autre nom, quand ils constatent qu'elle a été employée à dépouiller de son bien l'honnête homme insuffisamment armé pour se protéger contre elle.

Ceci m'amène tout naturellement à m'expliquer sur les causes qui ont décidé la conclusion de l'arrangement de 1878.

J'ai articulé devant la première Chambre du Tribunal civil de Nuremberg, que j'avais été acculé à subir cet arrangement, contraint par la détresse à laquelle m'avaient progressivement amené, d'une part, des dépenses que j'avais dû faire pour remplir avec exactitude, probité et honneur, mes engagements contractés à l'égard de M. Lothaire Faber, et d'autre part, par l'inexécution des engagements que M. Faber avait contractés vis-à-vis de moi.

Je constate, avec mes juges de Nuremberg, que cette articulation, à laquelle l'accusation avait tout intérêt à répondre, n'a pas été réfutée par elle. Le silence ou l'impuissance des héritiers de Faber ont la valeur d'un aveu. Je pourrais m'en contenter. Je ne veux pas qu'il soit mon seul argument. J'en prends acte, et je viens à d'autres arguments tout à fait décisifs.

Pour saisir sur le vif les causes de la conclusion de l'arrangement de 1878, il est indispensable de connaître les arrangements antérieurs. Ils s'expliquent les uns par les autres et ils éclairent d'une vive lumière le plan de M. Lothaire de Faber et « l'habileté » qu'il a déployée pour arriver à accaparer, comme je l'ai déjà dit, à son unique profit, sans bourse délier, mon graphite de Sibérie, et à me priver de la juste rémunération d'une découverte qui m'avait coûté quinze années de travaux et près de six cent mille francs.

IV

J'avais découvert le graphite de Sibérie en 1847, il m'avait fallu huit années de travaux préparatoires pour arriver au gisement et me rendre maître de la mine. En 1856, ces travaux étant terminés, comme j'étais en possession de la propriété de la mine qui m'avait été accordée par l'Empereur Nicolas Ier, je revins à Paris, où je fus mis en relation avec M. Lothaire Faber. Je n'insisterai pas sur l'accueil que je reçus auprès de lui. On sait, par les paroles qui furent échangées quelques jours plus tard entre M. Faber et le comte Mouraview-Amourski, le vif intérêt qu'il prit à ma découverte et le parti que sa haute intelligence vit, du premier coup, qu'on pouvait en tirer.

Séduit par son enthousiasme et par les brillantes promesses qu'il me prodiguait, je ne tardai pas à me lier par un traité avec M. Faber.

Par ce traité, je concédai à M. Faber le monopole exclusif de l'exploitation de mon graphite; je m'engageai à lui fournir le minerai à crédit, et je consentis même à n'en recevoir le payement qu'au fur et à mesure de la vente des crayons.

De son côté, la Maison A. W. Faber s'engagea à fabriquer, avec le graphite de Sibérie, des crayons dont la pureté devait rendre impossible toute confusion avec les crayons de sa fabrication ordinaire à base d'argile, et elle s'obligea à construire, dans le délai d'*un an* et à *sa charge,* l'usine spéciale, dite de Brookedon, dont les dépenses devaient s'élever à environ 150,000 francs.

Voici la clause même du contrat :

« Tous les frais pour monter la fabrique et pour pro-
« pager les nouveaux crayons, devant s'élever à environ
« 150,000 francs, sont uniquement à la charge de la
« Maison A. W. Faber. »

Ce contrat fait et signé, plein d'ardeur et confiant dans la probité commerciale de la Maison A. W. Faber, je repartis, dès le lendemain, pour la Sibérie et remplis strictement les engagements que j'avais contractés. Je fis à mes frais, durant cinq ans, l'extraction du graphite, et le livrai *à crédit* à la Maison A. W. Faber.

Et pendant ce temps, que faisait la Maison A. W. Faber?

Elle reproduisait en très belles gravures coloriées les vues de la mine de graphite et ses remarquables travaux d'exploitation, et annonçait dans le monde entier qu'avec le graphite de Sibérie, elle était arrivée à produire « les meilleurs crayons qui existent ».

Mais, profitant de ce que j'étais retenu en Sibérie par les travaux d'extraction du graphite, et dans l'impossibilité absolue de surveiller l'exécution du traité, elle violait ses engagements essentiels.

Elle ne construisait pas l'usine Brookedon que lui imposaient les contrats et la fabrication des crayons en mine pure; elle traitait le graphite à sa guise et à sa convenance, et ne donnait, de parti pris, ses soins exclusifs qu'aux crayons de sa composition artificielle.

De sorte que, la publicité considérable qu'elle faisait en faveur du graphite de Sibérie ayant donné une très grande vogue à l'écoulement de ses crayons ordinaires, elle laissa mon graphite de côté; et, pendant *six ans*, le public qui, de confiance, croyait acheter des crayons en graphite de Sibérie, ne recevait à la place que des crayons en matière commune.

Ainsi, de 1856 à 1862, tandis que moi, Alibert, je sacrifiais ma fortune à extraire ce graphite, constamment réclamé par M. Faber et dont la renommée donnait un si grand prestige à sa Maison, lui, au mépris des contrats, le conservait improductif dans ses caves et réalisait, au détriment de mes intérêts, par la vente de ses propres crayons, des bénéfices énormes.

Rentré en Europe, en 1862, je pus constater à l'Exposition Internationale de Londres, que la vitrine A. W. Faber portait pour enseigne : « Graphite de Sibérie de la Mine Alibert », et que, des deux côtés, il y avait les portraits du Roi et de la Reine de Bavière, au-dessous desquels on lisait : « Dessinés avec les crayons graphite de Sibérie. »

Étant à Londres, comme j'avais épuisé toutes mes ressources, je m'adressai à M. Faber pour réclamer la part qui, aux termes de notre contrat, devait me revenir de la vente des crayons : « Mais nous n'avons pas encore vendu de crayons en graphite », me répondit-il.

Ainsi, il battait monnaie depuis six ans avec la renommée de mon graphite, il s'en faisait une réclame puissante en Europe, il obtenait des récompenses aux

Expositions pour crayons fabriqués avec le graphite de Sibérie, et il ne craignait pas de m'avouer qu'il n'avait pas vendu de crayons en graphite !

Dès ce moment, je compris, mais un peu tard, avec quel habile commerçant j'avais affaire, je vis qu'il avait à mon égard un plan bien arrêté.

Il savait que j'avais dépensé ma fortune à extraire le graphite que je lui avais livré à crédit, il connaissait les emprunts que j'avais dû contracter pour me tenir avec lui dans les termes stricts de mon contrat. Il résolut de spéculer sur ma situation précaire.

Ici, je ne me livre pas à des conjectures, à des interprétations de sentiments, j'affirme un fait et je le prouve.

Comme je m'étais adressé à M. Faber, lui demandant de m'avancer quelques milliers de francs, il rejeta brutalement ma demande. Ainsi il me refusa une modique avance d'argent, lorsqu'il avait de moi, comme couverture, pour plus de deux millions de graphite que je lui avais livré à crédit.

Mme Ottilie de Faber, sa femme, assistait à Londres à notre entretien. Elle a bien voulu me confier en 1865, trois ans plus tard, qu'elle avait été péniblement affectée de la dureté de cœur de son mari et qu'elle l'avait vivement engagé, dans l'intimité, à me faire cette avance.

J'ai conservé précieusement, depuis trente-cinq ans, dans la mémoire de mon cœur, le souvenir de son insistance, et je prie ici Mme la baronne Ottilie de Faber d'agréer l'hommage public de mon inaltérable reconnaissance pour son élan de justice et de bonté.

Écrasé, à bout de ressources, je tombai gravement malade. Toutefois, avec l'aide d'un ami, je me préparais à en appeler aux tribunaux, lorsque M. Faber, comptant sur sa grande fortune et sur l'influence de sa position sociale, — il était alors membre du Parlement de Bavière — m'écrivit une lettre où se trouve cette phrase si suggestive :

« Du reste, que voulez-vous atteindre par le procès « que vous aurez à me faire devant *mes juges* à Nurem- « berg, et qui pourrait durer des années sans qu'il y ait « la moindre espérance pour vous de le gagner ? »

En face d'une lutte aussi inégale et après des efforts désespérés, je fus obligé d'accepter les conditions léonines d'un nouveau contrat.

Est-il besoin de constater que ce second traité était fait au profit exclusif de la Maison A. W. Faber ? Pour s'en convaincre, il suffit de comparer les avantages qui revenaient à M. Alibert par suite du traité de 1856 avec ceux que lui maintenait encore le traité de 1865.

Par le premier de ces traités, M. Faber s'engageait à entreprendre la fabrication des crayons avec le graphite de la mine de M. Alibert, à construire tout de suite les bâtiments nécessaires et à faire tous les préparatifs pour commencer les premiers essais; et à partir de l'époque où il aurait réussi à produire la même qualité que produisaient les Anglais Brookedon et Wolff et fils, à vendre annuellement 1,000 grosses de crayons.

Il s'engageait, en outre, à vendre 2,000 grosses par an lorsqu'il aurait réussi à faire mieux.

Dans ce traité, il voulut qu'il fût consigné qu'il n'avait pas le moindre doute sur la possibilité, pour lui, d'arriver à faire mieux que les Anglais et à vendre « jusqu'à 5 ou 10,000 grosses et plus » de ces crayons par an.

M. Alibert ayant fourni à la fabrique de Stein 124,000 livres de graphite et chaque livre donnant deux grosses de crayons, d'après l'évaluation de M. Faber lui-même, c'est donc 248,000 grosses de crayons que la fabrique de Stein a tirées du graphite-Alibert.

Or, comme aux termes mêmes du contrat de 1856, il devait revenir à M. Alibert 10 francs par grosse de crayons vendus, c'est une redevance de 2,480,000 francs que M. Faber s'engageait à lui payer.

Par le contrat de 1865, M. Faber veut bien consentir un prêt de 120,000 francs à M. Alibert pour rembourser les emprunts « qu'il a faits en Russie par suite des grandes dépenses occasionnées par l'affaire du graphite ».

Mais il stipule que cette somme, capital et intérêts 4 %, sera garantie par le graphite accumulé dans ses caves.

Dans le second traité, il introduit en outre les conditions suivantes :

1° Une affirmation nouvelle du monopole exclusif et illimité du graphite de Sibérie;

2° L'autorisation de traiter le graphite par la méthode à mélange d'argile;

3° Un abaissement de 4/10mes du prix du graphite, sans diminution proportionnelle du prix de vente des crayons;

(Pour en faire profiter le public, le premier contrat avait exigé la diminution proportionnelle !)

4° Une réduction de 1/5me de la redevance sur la vente des crayons;

5° La suppression, résultant de l'annulation des premiers contrats, de la vente obligatoire de deux mille grosses de crayons par an.

Ces conditions nouvelles peuvent se résumer ainsi :

Perte pour M. Alibert, sur le prix du graphite brut, de 496,000 francs, et sur la redevance sur la vente des crayons perte de 248,000 francs, soit une perte globale de 744,000 francs pour M. Alibert et un bénéfice de 744,000 francs pour M. Faber.

Tel était le second contrat.

Celui-ci, M. Faber va-t-il l'observer plus exactement que le premier? tiendra-t-il enfin à honneur de se garder vis-à-vis de M. Alibert dans les termes stricts du contrat?

Il ne tardera pas à en éluder et en violer ouvertement les conventions. Ce sera de sa part une série d'agissements incessants, aboutissant tous à une violation voulue et calculée.

M. Faber connaît la situation difficile de M. Alibert, il sait que toute sa fortune a été consacrée à la découverte et à l'extraction du graphite de Sibérie, qu'il n'a d'autres ressources que les redevances légitimes qu'il tire de son contrat avec lui; il espère, en lui coupant les vivres, le réduire à la misère et l'amener ainsi facilement à une dernière capitulation.

Il touche à son but spoliateur. Il n'éprouve aucune

hésitation. Il n'est arrêté par aucun scrupule, nous sommes au mois de mars 1878; il refuse tout à coup d'acquitter la seconde échéance semestrielle due à M. Alibert.

Cette fois, il croit enfin tenir ce dernier à sa complète discrétion.

Que pouvait bien faire, en effet, M. Alibert contre ce débiteur récalcitrant, de mauvaise foi, qui s'était fait de la violation systématique des traités une règle de conduite pour mieux arriver à ses fins?

Il pouvait en appeler aux tribunaux.

Il en avait déjà appelé aux tribunaux dès 1875. Trois assignations avaient été signifiées à M. Faber. Par jugement du 2 mars 1876, le Tribunal de Commerce de Paris avait donné gain de cause à M. Alibert. M. Faber avait fait appel de ce jugement.

Les procès traînaient en longueur depuis trois ans; le nerf de la guerre étant venu à faire défaut complètement à M. Alibert, il lui était impossible de soutenir la lutte même sur le terrain de son droit.

A bout d'efforts, épuisé, malade, las de déceptions et de luttes, découragé, écœuré et effrayé outre mesure des conséquences d'une plus longue résistance contre un homme sans scrupule résolu à employer tous les moyens, quels qu'ils fussent, pour atteindre au but qu'il visait, M. Alibert finit par se rendre et accepta le traité de 1878, par lequel M. Faber lui offrait — pour prix de l'abandon de son graphite et des avantages stipulés en sa faveur par le traité de 1865, et s'élevant encore à la somme de 832,000 francs — 75,000 francs pour solder les derniers emprunts restés dus en Sibérie et l'aumône d'une rente viagère de 10,000 francs.

V

A cet exposé succinct et rapide des manœuvres dolosives de la Maison A. W. Faber, que j'ai abrégé intentionnellement pour ne pas fatiguer l'attention de mes lecteurs, je n'ajouterai pas une ligne, pas un mot.

Je laisse à ceux qui me liront le soin de prononcer sur la question de savoir s'il peut rester encore quelques doutes sur les causes de l'arrangement de 1878, et si je n'ai pas « établi avec certitude, que je n'ai cédé que contraint par la détresse et que l'arrangement n'était nullement en rapport avec la situation réelle », c'est-à-dire avec mes apports à la Maison A. W. Faber.

Non, « l'indemnité à moi accordée par l'arrangement de 1878 n'était pas suffisante ».

J'ignore, ayant passé ma vie déjà longue à d'autres travaux qu'à l'étude des législations existantes, s'il y a quelque part dans un code une loi qui atteigne les bénéficiaires de spoliations scandaleuses comme celle dont la Maison A. W. Faber s'est rendue coupable à mon égard.

Ce que j'affirme, moi qui ai déjà un pied dans la tombe, c'est qu'à défaut de loi écrite, la loi naturelle et la conscience de tous les peuples civilisés les réprouvent, marquant du signe de la flétrissure ceux qui s'en sont rendus coupables.

Dans la première moitié de ce siècle qui finit, deux enfants du peuple, sortis d'une origine plus que modeste, se sont rencontrés, l'un Français, l'autre Bavarois, le premier ayant jeté quelque éclat sur son nom par une découverte dont la science lui sera éternellement redevable, l'autre animé du désir ambitieux de sortir de sa caste et de s'élever par la fortune jusqu'à la classe la plus haute de son pays.

Le Français a apporté sa découverte au Bavarois. Par l'exploitation du graphite de Sibérie, Lothaire Faber est arrivé promptement à la fortune. Cette fortune acquise comme on le sait lui a ouvert la porte des honneurs. Il est mort membre du Parlement de Bavière, léguant à ses héritiers un chiffre considérable de millions et un titre héréditaire de baron.

Ce titre rend sa mémoire et ses héritiers justiciables de l'Assemblée des nobles de Bavière.

Il m'est donc permis de me demander quel accueil ferait à mes légitimes réclamations le Chef du blason de la famille Lothaire de Faber.

Il ne voudrait certainement pas laisser au public le droit de dire que des sacs d'écus suffisent pour entrer dans sa noblesse.

Ein wenig mehr Licht

über

die commercielle Ausbeutung

des sibirischen Graphits

durch

die Firma A. W. Faber.

1856 — 1900

Diese Blätter, die mir so zu sagen von den Richtern der Ersten Strafkammer des Landgerichts Nürnberg dictiert und moralisch vorgeschrieben wurden, seien ihnen als Huldigung für ihre hohe richterliche Gewissenhaftigkeit dankbar gewidmet.

J. L. Alibert,
Offizier der Ehrenlegion.
2, Rue Mazagran.

Paris, Januar 1900.

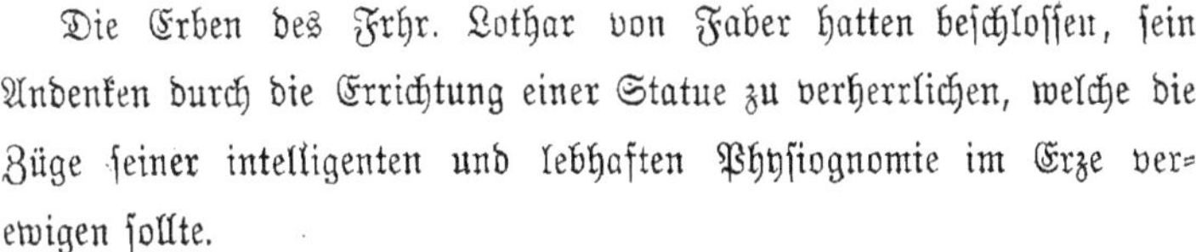

I.

Die Erben des Frhr. Lothar von Faber hatten beschlossen, sein Andenken durch die Errichtung einer Statue zu verherrlichen, welche die Züge seiner intelligenten und lebhaften Physiognomie im Erze verewigen sollte.

Die Ceremonie wurde auf den 12. Juni 1899 festgesetzt.

Herrn Fabers Mitarbeiter waren eingeladen worden, an dieser ihm nach seinem Tode erwiesenen Ehrenbezeugung, vermittelst einer Subscription Theil zu nehmen.

Ich allein ward vergessen; obgleich ich aber keine persönliche Einladung dazu erhielt, beschloß ich dennoch, ungeachtet meines hohen Alters, mich auf den 12. Juni nach Nürnberg zu begeben. Ich dachte, „Herrn Fabers vorzüglichster Mitarbeiter" müsse bei diesem Feste gegenwärtig sein, denn mehr als irgend welcher Andere war er dazu berechtigt, bei der demselben bereiteten Verherrlichung sein Zeugniß abzugeben. War er der jetzigen und den künftigen Generationen nicht die Wahrheit über diesen großen verstorbenen Gewerbsmann schuldig? er, der so sehr zu seinem commerciellen Erfolg beigetragen hat, indem er demselben auf Kredit und mit ausschließlichem Monopol jenen Graphit lieferte, den er Gott weiß mit welcher Mühe und Arbeit, dem granitfelsigen Schoße Sibiriens entrissen hatte?

Ich kam also am 12. Juni nach Nürnberg und brachte eine Schrift mit, in welcher die Wahrheit über die commercielle Ausbeutung des sibirischen Graphits durch die Firma A. W. Faber dargestellt war. In diesem Werkchen zeigte ich „das von Frhr. Lothar von Faber angewandte verwerfliche Verfahren, um mich zu hintergehen, mich zu ruiniren und um meine Entdeckung des sibirischen Graphits zu seinem alleinigen Vortheil und Nutzen an sich zu reißen.“

Herrn von Fabers Erben waren von meinem Vorhaben benachrichtigt, sie kannten den Zweck und die Bedeutung meiner Reise.

Kaum in Nürnberg angekommen, wurde ich in ein Netz von Intriguen und Kniffen verwickelt. Den Erben von Herrn Faber genügte es nicht mehr mich beraubt zu haben; nachdem sie mich in materieller Hinsicht ruinirt hatten, wollten sie mich auch moralisch zu Grunde richten.

Ich wurde von ihnen den Richtern zu Nürnberg als Übelthäter angezeigt und auf ihren Antrieb wegen Gelderpressungsversuch gerichtlich verfolgt!

Wie es die bayerischen Richter selbst anerkannt haben, hätte ich sehr leicht die Grenze zwischen mich und meine Ankläger bringen können, und in meinem Vaterland, Frankreich, meiner Ankläger spotten und den Richtern Trotz bieten können.

Ich habe aber gedacht, ein solches Verhalten gezieme weder meinem vergangenen Leben, noch meinem Alter, noch meinem Charakter.

Meine Ankläger boten mir die Gelegenheit einer öffentlichen Verhandlung dar, und ich habe mich beeilt sie zu ergreifen.

Erhobenen Hauptes habe ich mich vor die erste Kammer des Landgerichtes Nürnberg gestellt. Ich habe vor derselben die Sachlage auseinandergesetzt, habe meine H. Faber anklagenden Angaben vorgebracht, habe die verlangten Aufklärungen gegeben, habe die von Fabers Erben vorgebrachten Angaben widerlegt, und da die Richter, nachdem sie die Kläger und den Angeklagten angehört hatten, nach ihrem Gewissen urtheilen wollten, sahen sie sich genöthigt, mich freizusprechen.

Hier folgt der Wortlaut ihres Urteils:

„Im Namen Seiner Majestät des Königs von Bayern erkennt die „I. Strafkammer des K. Landgerichts Nürnberg in der Strafsache gegen „den ledigen Ingenieur Jean Pierre Alibert, aus Paris, wegen Er„pressungsversuches, in öffentlicher Sitzung vom 19. Oktober 1899, wobei „zugegen waren Landgerichtsdirector Brügel, Vorsitzender, die Räthe „Frhr. von Harsdorf, Miesbach, Tauchert, Gunzenhaeuser, II. Staats„anwalt Diesel und Rechtspraktikant Esper, als f. Gerichtsschreiber, zu „Recht wie folgt:

„Alibert Jean Pierre, geboren am 22. März 1820 in Montauban, „lediger Ingenieur in Paris, wird von der Anklage eines Vergehens des „Versuches zu einem Vergehen der Erpressung unter Überbürdung der „erwachsenen Kosten auf die K. Staatskasse freigesprochen."

II.

Obiges Urtheil gereicht den Richtern zu Ehren, die es gefällt haben. Hätte Frhr. Lothar von Faber, wenn er noch lebte, die Vermessenheit, dieselben zu behandeln, wie er jene vom Jahre 1865 in einem von mir bekannt gemachten Brief behandelte, in welchem er sie schimpflich meine Richter nannte?

Durch ihr unparteiliches Urtheil ehren die Herrn Richter höchlichst sich selbst, und mir Franzosen sei es erlaubt, hinzuzufügen: Sie ehren ihr Land.

Sie haben bewiesen, daß das heutige Bayern die Berliner Richter zur Zeit Friedrichs des Großen nicht zu beneiden braucht.

Ich hätte mich also nur voll Ehrfurcht und Dankbarkeit in ihr Urteil zu fügen, wenn dieses Urtheil gänzlich in obigem Wortlaut einbegriffen wäre; aber dem verordnenden Teil des Urteils geht eine Darlegung der Gründe vorher, die mich sozusagen einladet, den Streit wieder zu eröffnen, der immer zwischen Fabers Erben und mir unentschieden bleibt, solange er nicht durch eine der Gerechtigkeit entsprechende Lösung geendet wird.

In der Darlegung der Gründe sind folgende Zeilen zu lesen :

„Allein Überhebung ist es, wenn in dem Schriftstück ,,A mes „lecteurs'' Alibert sich ,,le principal collaborateur'' des Frhr. Lothar „von Faber nennt, denn das hohe Ansehen, welches das Haus A. W. Faber „notorisch genießt, ist hauptsächlich der kaufmännischen Gewandtheit und „Umsicht, der hohen Intelligenz des Frhr. Lothar von Faber zuzuschreiben, „welche seiner Firma außer Ansehen Reichthum einbrachte."

Ein wenig weiter hebe ich folgendes hervor :

„Aus welchen Motiven der Abschluß des Vergleiches vom 25./29. Juni „1878 erfolgte, konnte mit Sicherheit nicht festgestellt werden. Alibert's „Behauptung, daß er der Not gehorchte, der Vergleich aber nicht den „wirklichen Verhältnissen entsprach, ist auf Grund der mündlichen Ver„handlung nicht widerlegt."

Es ist meine Pflicht das Publikum und die Richter hierüber aufzuklären, und da letztere finden, daß die Motive des Vergleiches zwischen Faber und mir nicht mit Sicherheit festgestellt werden konnten, so will ich ergänzende Aufklärungen geben. Man begehrt von mir ein wenig mehr Licht. Nun wohl! Setzen wir Frhr. Lothar von Faber und den von ihm mir zugefügten Schaden in helles Licht.

III.

Der Ingenieur J. P. Alibert wäre also anmaßend, wenn er sich den „vorzüglichsten Mitarbeiter" des Frhr. Lothar von Faber nennt? Auf diese in den Gründen des Urteils hervorgehobene Anklage könnte er antworten, daß wenn sein Glas auch klein ist, er doch nur aus seinem Glase trinke.

Der Glanz, den seine Entdeckung des sibirischen Graphits auf seinen Namen und seine Person verbreitet hat, genügt ihm. Er beneidet diejenigen nicht, welche durch andere Arbeiten berühmt geworden sind, und mit gerechtem Stolz erklärt er, daß er Faber's Berühmtheit nicht brauche, um sich zu erhöhen.

Niemand mehr als er ist bereit den hohen Eigenschaften, die in Frhr. Lothar von Faber glänzten, die schuldige Anerkennung zu zollen.

Aber wie kann man ihm den Titel des „vorzüglichsten Mitarbeiters" dieses großen Industriellen verweigern? Tragen nicht alle von dem Hause A. W. Faber herrührenden Graphitbleistifte nebst dem Fabrikzeichen eine der drei folgenden Inschriften: „Sibirischer Graphit — Graphit Alibert — Sibirischer Graphit aus Alibert's Mine."

Und wenn man glaubt, daß das Werk dem Arbeiter nicht genügende Gerechtigkeit widerfahren läßt, und meine Mitwirkung an Faber's Werk nicht klar genug an den Tag tritt, so will ich mich auf unverwerfliche Zeugnisse berufen.

Zuerst werde ich das Seiner Majestät Maximilians II., Königs von Bayern, anführen.

Es war im Jahr 1862, sechs Jahre nach meinem ersten Vertrag mit der Firma A. W. Faber. Bayern hatte einen großen Anteil an der internationalen Ausstellung genommen, die in jenem Jahr in London stattfand.

Auf dieser Ausstellung hatte Herr Faber eine Preismedaille mit folgender Inschrift erhalten: „Für aus dem neulich entdeckten sibirischen „Graphit gemachte Bleistifte von vortrefflicher Qualität."

Von der großen Überlegenheit überrascht, welche das Monopol der Ausbeutung des sibirischen Graphits dem Hause A. W. Faber verliehen hatte, ließen Seine Majestät König Maximilian II. mir durch Herrn von Cetto, seinen Gesandten in London, einen Brief schreiben, in dem dieser sagte:

„Dem König, meinem Erlauchten Herrn, ist es viel daran gelegen, die „hohen Verdienste anzuerkennen, die Sie durch Ihre mühsamen Nach-„suchungen, den sibirischen Graphit zu entdecken, um die bayerische „Industrie erworben haben."

Nach dem Zeugnisse S. Majestät des Königs kommt Frhr. Lothar von Faber's eigenes Zeugniß:

Im Jahre 1856, als ich mich mit Herrn Faber in Paris befand, und Graf Mouraview-Amourski, der General-Statthalter des östlichen Sibiriens, sich ebenfalls dort aufhielt, hatte ich die Ehre ihm Herrn Faber vorzustellen.

Von den Lobreden des letzteren über den Wert des sibirischen Graphits begeistert, rief der Graf aus: „Ist es denn eine Goldmine, die Herr Alibert endeckt hat?"

„Ja, Herr Graf," antwortete H. Faber, „es ist eine Goldmine, denn aus diesem Graphit werden wir Gold machen."

Als letztes Zeugniß gebe ich hier einen Auszug aus der am Tage seiner Beerdigung auf dem Grabe gehaltenen Leichenrede des Frhr. Lothar von Faber, die in der Nummer desselben Tages im „Fränkischen Kurier" abgedruckt wurde:

„..... Mitten unter diesen Bestrebungen traf plötzlich die unerwartete „Nachricht ein, daß Das gefunden sei, wonach die Engländer so lange gesucht

„hatten und wessen eine vollendete Fabrikation immer noch bedurfte, um noch „mehr zu leisten als bisher möglich war: eine neue Graphitgrube war ge„funden.“

„Johann Peter Alibert, Negoziant erster Klasse von Tabasthus in „Sibirien, hatte 1847 in dem gebirgigen Osten Sibiriens in einem Zweige „der Gebirgskette von Saian, auf der Höhe des Felsengebirges Batougol, „400 Werst westlich von der Stadt Irkutsk, nahe an den Grenzen von „China, ein primitives Lager von Graphit gefunden. Er machte sich sogleich „an die Arbeit, eine Mine anzulegen, um den kostbaren Fund zu Tage zu „fördern, und endlich eröffnete sich ein Lager des besten und reinsten Graphits. „Bald wurden Stücke gewonnen, die bis achtzig Pfund wogen.“

„Nach der gewonnenen Ueberzeugung, daß die Faber'sche Fabrik die größte „jetzt existirende sei und die meiste feine Waare in die civilisirte Welt versende, „wandte A. sich an sie mit dem Vorschlag zu einem Vertrag. Nachdem sich an„dererseits auch die Fabrik überzeugt hatte, daß der neuentdeckte Graphit dem „echten und besten Cumberlandgraphit an Güte gleichkomme, wurde auf den „Vorschlag Alibert's bereitwillig eingegangen, sodann im Jahre 1856 zwischen „der Fabrik und Alibert ein Vertrag abgeschlossen und von der kaiserlich rus„sischen Regierung sanktionirt, zufolge dem aller Graphit, welcher aus den „sibirischen Minen kommt, zum Zwecke der Bleistiftfabrikation jetzt und für „alle Zukunft an Niemand Anderen als an die Fabrik „A. W. Faber“ ge„liefert werden darf.“

„Die Fabrik, in den Besitz eines großartigen Lagers von Graphit „gekommen, dessen Güte von der Theorie und Praxis dem Borrowdaleblei „gleichgestellt ist, hatte die Fabrikation der Bleistifte mit sibirischem Blei schon „vom Jahre 1856 an vorbereitet. Es galt nun nicht mehr, die Güte der alten „Cumberlandstifte zu erreichen, sondern sie zu übertreffen.....“

Meine Mitwirkung in commercieller Hinsicht an Frhr. Lothar von Faber's Werk kann mir also, ohne eine Unbilligkeit zu begehen, nicht abgeleugnet werden; sie bestand, besteht noch und wird sogar nach meinem Tode fortbestehen, so lange das Haus A. W. Faber meinen, den sibirischen Graphit, als Empfehlung anwenden wird.

Ich beeile mich hinzuzufügen, denn dies ist meine Gesinnung, daß diese Mitwirkung die eigenen Verdienste des Herrn Lothar von Faber in nichts schmälert.

Ich nehme Theil an dem Lob, welches die Gründe des Urteils „seiner Umsicht und seiner hohen Intelligenz zollen." Ich erkenne es an, daß „die „von ihm gegründete Firma notorisch eines hohen Ansehens genießt, und „daß dieses Ansehen vor allem seiner kaufmännischen Gewandtheit zuzu„schreiben ist." Ja, Frhr. von Faber war ein gewandter Kaufmann; ja, er besaß jedwede Geschicklichkeit, und sein Verfahren gegen mich wird beweisen, daß er sogar jene besondere Geschicklichkeit besaß, welcher die unparteiischen Richter einen andern Namen geben, wenn dieselben feststellen, daß sie angewandt wurde um einen ehrlichen Mann, der wehrlos war um sich gegen sie zu schützen, seines Vermögens zu berauben.

Dies führt mich geradezu dahin, die Motive darzustellen, welche den Abschluß des Vergleichs vom Jahre 1878 herbeiführten.

Vor der ersten Kammer des Landgerichts Nürnberg habe ich behauptet, daß ich durch äußerste Not dazu gezwungen wurde, diesen Vergleich zu unterzeichnen. In diese Not hatten mich nach und nach einerseits die hohen Auslagen gebracht, die ich machen mußte um mit Rechtschaffenheit und Ehre meine gegen Herrn Lothar von Faber eingegangenen Verbindlichkeiten pünktlich zu erfüllen, und andrerseits die Nichterfüllung der Verbindlichkeiten, welche Herr Faber selbst gegen mich übernommen hatte.

Ich konstatire mit meinen Nürnberger Richtern, daß diese meine Behauptung, auf welche es für die Anklage von höchstem Interesse war zu antworten, nicht von ihr widerlegt worden ist. Dieses Stillschweigen, oder die Unmöglichkeit auf dieselbe zu antworten, haben seitens der Erben von Frhr. von Faber den Wert eines Geständnisses, und ich könnte mich damit begnügen. Doch will ich mich nicht auf diesen einzigen Beweis stützen, ich nehme ihn ad notam und führe noch andere ganz entscheidende an.

Um die Motive der Abschließung des Vergleiches vom Jahre 1878 recht klar zu begreifen, ist es unumgänglich notwendig, die vorhergehenden Verträge zu kennen. Sie erklären einander und werfen ein helles Licht auf Herrn von Faber's Plan, ebenso wie auf „die Geschicklichkeit", die er entfaltet hat, um es, wie schon gesagt, dahin zu bringen, meinen sibirischen Graphit zu seinem alleinigen Vorteil und ohne denselben zu bezahlen, in Beschlag zu nehmen, und mich auf diese Weise des wohlverdienten Ertrages einer Entdeckung zu berauben, die mich fünfzehn Jahre Arbeit und fast sechs mal hunderttausend Franken gekostet hatte.

IV.

Ich habe den sibirischen Graphit im Jahre 1847 entdeckt, und acht Jahre dauernde Vorarbeiten waren nötig um bis zur Lagerung zu gelangen, und die Mine zu beherrschen. Als im Jahre 1856 diese Arbeiten fertig waren und ich im Besitz des Eigenthumsrechtes auf diese Mine war, das mir von Kaiser Nikolaus I. verliehen worden, kehrte ich nach Paris zurück, wo ich mit Herrn Faber in Verbindung gebracht wurde. Ich werde nicht lange bei der Aufnahme verweilen, die mir bei ihm zu Teil wurde. Man weiß aus den Worten, die einige Tage nachher zwischen Herrn Faber und dem Grafen Mouraview-Amourski gewechselt wurden, welchen lebhaften Anteil er an meiner Entdeckung nahm und wie seine hohe Intelligenz gleich einsah, welchen Nutzen man daraus ziehen könne.

Von H. Fabers Enthusiasmus und seinen glänzenden Versprechen hingerissen, säumte ich nicht lange und schloß einen Vertrag mit ihm.

Durch diesen Vertrag verlieh ich Herrn Faber das ausschließliche Monopol zur Ausbeutung meines Graphits; ich verpflichtete mich, ihm das Erz auf Kredit zu liefern und willigte sogar darin ein, dessen Zahlung nach Maßgabe des Verkaufs der Bleistifte zu erhalten.

Seinerseits verpflichtete sich das Haus A. W. Faber, aus dem sibirischen Graphit Bleistifte zu verfertigen, deren Reinheit jede Verwechselung mit den aus einer Thonmischung bestehenden Bleistiften seiner gewöhnlichen Fabrikation unmöglich machen sollte; überdies verpflichtete es sich, ebenfalls im Laufe eines Jahres und aus seinen eigenen Mitteln eine spezielle Fabrik zu bauen, deren Kosten sich auf ungefähr hundert und fünfzigtausend Franken belaufen sollten.

Die Klausel selbst des Contractes lautet also:

„Alle zum Bau der Fabrik und zur Verbreitung der neuen Bleistifte „erforderlichen Kosten, die sich auf ungefähr hundert und fünfzigtausend „Franken belaufen werden, fallen der Firma A. W. Faber allein zur „Last."

Nachdem dieser Vertrag geschlossen und unterzeichnet war, reiste ich, voll Eifer und Zutrauen in die commercielle Redlichkeit der Firma A. W. Faber, gleich Tags darauf nach Sibirien ab und erfüllte die übernommenen Verbindlichkeiten pünktlich. Fünf Jahre lang förderte ich den Graphit auf meine Kosten an den Tag, und lieferte ihn der Firma A. W. Faber auf Kredit.

Und was that während dieser Zeit das Haus A. W. Faber? Es ließ prächtige, farbige Kupferstiche drucken, welche Ansichten der Graphitmine und der großartigen Ausbeutungsarbeiten darstellten, und kündete der ganzen Welt an, daß es vermittelst des sibirischen Graphits „die besten Bleistifte die es giebt" fabriziren könne.

Den Umstand benutzend daß ich durch die Ausbeutungs-Arbeiten des Graphits in Sibirien zurückgehalten, und also in der absoluten Unmöglichkeit war, die Vollstreckung des Vertrags zu überwachen, handelte dasselbe seinen wesentlichsten Verbindlichkeiten zuwider.

Es erbaute die Brookedon'sche Fabrik nicht, welche der Vertrag und die Fabrikation der Bleistifte aus reinem Blei erheischten; es behandelte den Graphit nach seinem Belieben und widmete geflissentlich alle seine ausschließliche Sorgfalt nur den Bleistiften aus künstlicher Thonmischung.

Da die sehr beträchtliche Publicität, welche die Firma zu Gunsten des sibirischen Graphits machte, dem Verkauf ihrer gemeinen Bleistifte einen großen Aufschwung gegeben hatte, ließ sie meinen Graphit ganz bei Seite. Sechs Jahre lang also (von 1856 bis 1862) glaubte das Publikum, Bleistifte aus sibirischem Graphit zu kaufen und erhielt an deren Stelle nur Bleistifte aus gemeinem Stoff.

Während ich, Alibert, mein Vermögen aufopferte um den Graphit zu gewinnen, welchen H. Faber immer dringend forderte, und dessen Ruf der Firma ein so hohes Ansehen verlieh, behielt also dieses Haus, mit Hintansetzung der Verträge, denselben nutzlos in seinen Kellern, und zog zum Nachteil meiner Interessen einen ungeheuern Gewinn aus dem Verkauf seiner eigenen Bleistifte.

Als ich im Jahr 1862 nach Europa zurückkam, konnte ich auf der internationalen Ausstellung in London sehen, daß Herrn Fabers Schaufenster folgende Inschrift als Aushängeschild trug: „Sibirischer Graphit aus der Alibert-Mine," und daß sich auf den Seiten die Bildnisse des Königs und der Königin von Bayern befanden, unter denen zu lesen war: „Gezeichnet mit Bleistiften aus sibirischem Graphit."

Während ich noch in London war und alle meine Geldmittel erschöpft hatte, wandte ich mich an Herrn Faber, um den Anteil am Verkauf der Bleistifte, welcher mir vertragsmäßig zukommen sollte, von ihm zu fordern: „Aber wir haben ja noch gar keine Graphitbleistifte verkauft," antwortete er mir.

Seit sechs Jahren also zog er den größten Vorteil aus dem Ruf meines Graphits, machte sich in ganz Europa eine gewaltige Reklame damit, erhielt auf den Ausstellungen Preismedaillen für aus sibirischem Graphit fabrizierte Bleistifte und nahm keinen Anstand, mir einzugestehen, daß er noch gar keine Graphitbleistifte verkauft habe!

In diesem Augenblick begriff ich, aber leider zu spät, mit welchem „geschickten“ Kaufmann ich zu thun hatte und sah ein, daß er mir gegenüber einen wohlüberlegten Plan befolge. Er wußte, daß ich mein ganzes Vermögen auf das Gewinnen des Graphits verwendet, den ich ihm auf Kredit geliefert hatte; er kannte die Anleihen, die ich hatte aufnehmen müssen, um die Verbindlichkeiten meines Vertrages in seiner Hinsicht pünktlich zu erfüllen. Er beschloß also, meine schlimme Vermögenslage zu seinem Vortheil auszubeuten; hier führe ich keine Wahrscheinlichkeiten an, ich gebe mich nicht der Deutung von Gesinnungen hin: ich stelle eine Tatsache auf und werde sie beweisen.

Da ich mich an Herrn Faber gewandt hatte, um einen Vorschuß von einigen Tausend Franken von ihm zu bekommen, wies er mein Begehren rücksichtslos zurück. Er verweigerte mir also einen geringen Vorschuß, während er von mir, als Deckung, mehr als für zwei Millionen Graphit hatte, den ich ihm auf Kredit geliefert.

Frau Ottilie von Faber, seine Gemahlin, wohnte in London unserer Unterredung bei, und mehr als drei Jahre nachher, im Jahre 1865, hatte sie die Güte mir zu sagen, daß sie damals peinlich von der Hartherzigkeit ihres Gemahls betroffen worden sei, und ihn dringend gebeten habe, mir diesen Vorschuß zu gewähren.

Seit vierunddreißig Jahren bewahre ich das Andenken an diese dringenden Bitten treulich in meinem Herzen, und bitte Freifrau Ottilie von Faber hier öffentlich, die Versicherung meiner ewigen Dankbarkeit für diesen edlen Zug der Gerechtigkeit und Güte zu genehmigen.

Zu Grunde gerichtet und aller Mittel bar, wurde ich gefährlich krank. Jedoch war ich im Begriff die Sache mit der Hülfe eines Freundes vor die Gerichte zu bringen, als Herr Faber, der auf sein großes Vermögen und auf den Einfluß seiner gesellschaftlichen Stellung zählte — er war damals Mitglied des Bayerischen Abgeordnetenhauses — mir einen Brief schrieb, in dem sich folgender vielsagender Satz befindet:

„Was wollen Sie übrigens mit dem Prozeß erreichen, den Sie „gegen mich vor meinen Richtern in Nürnberg führen müssen, und „der Jahre lang dauern kann, ohne die geringste Hoffnung für Sie, „denselben zu gewinnen.“

Einem so ungleichen Kampfe nicht gewachsen, mußte ich nach verzweifelten Bemühungen endlich die leonischen Bedingungen eines neuen Vertrages annehmen.

Ist es nöthig zu bestätigen, daß dieser zweite Vertrag ganz zum ausschließlichen Vorteil der Firma A. W. Faber abgefaßt war? Um sich davon zu überzeugen, genügt es die vorteilhaften Bedingungen, welche der Vertrag vom Jahre 1856 Herrn Alibert gewährte, mit denen, welche er im Vertrage vom Jahre 1856 noch beibehielt, zu vergleichen.

Im ersten dieser Verträge verpflichtete sich Herr Faber, die Fabrizierung der Bleistifte aus dem Graphit von Herrn Alibert's Mine zu unternehmen, die hierzu nothwendigen Gebäude gleich zu erbauen, und alle Vorbereitungen zu treffen, um die ersten Versuche zu beginnen, und von der Zeit an, wo es ihm gelingen würde dieselbe Qualität Bleistifte zu fabrizieren, welche die Engländer Brookedon und Wolff und Söhne fabrizierten, jährlich 1.000 Groß Bleistifte zu verkaufen.

Er verpflichtete sich überdies, jährlich 2.000 Groß zu verkaufen, sobald es ihm gelingen würde, noch bessere zu machen.

Er wollte, daß in diesem Vertrage auch angeführt werde, er hege nicht den geringsten Zweifel, daß es ihm möglich sein werde die Engländer zu übertreffen, und jährlich „bis fünf oder zehn tausend Groß Bleistifte und sogar noch mehr“ zu verkaufen.

Da Herr Alibert der Fabrik in Stein 124.000 Pfund Graphit geliefert hatte, und jedes Pfund Graphit, nach Herrn Fabers eigener Schätzung, zwei Groß Bleistifte giebt, so hat die Fabrik in Stein aus Alibert's Graphit 248.000 Groß Bleistifte gezogen.

Nun aber sollte nach dem Vertrag von 1856 für jedes Groß verkaufter Bleistifte Herrn Alibert 10 Franken zukommen: es war also eine Summe von 2.480.000 Franken, die Herr Faber sich verpflichtete, an ihn zu bezahlen.

Im Vertrage von 1865 willigt Herr Faber wohl ein, Herrn Alibert ein Darlehen von 120.000 Franken zu machen, um „die Anleihen zurückzuzahlen, die er wegen der großen Kosten, welche das Graphitgeschäft verursachte, in Rußland gemacht hat.“

Aber er bedingt sich aus, daß diese Summe, Kapital nebst 4 % Zinsen, durch den Graphit sicher gestellt werde, welcher in seinen Kellern angehäuft liegt.

Im zweiten Vertrag trägt er überdies folgende Bedingungen ein:

1) Eine neue Bestätigung des ausschließlichen und unbegrenzten Monopols vom sibirischen Graphit;

2) Die Bevollmächtigung den Graphit nach der Methode der Thonmischung zu behandeln;

3) Eine Herabsetzung von vier Zehnteln des Graphitpreises ohne verhältnißmäßige Verminderung der Bleistiftpreise;

(Der erste Vertrag erforderte diese verhältnißmäßige Verminderung zu Gunsten des Publikums!)

4) Die Verminderung um ein Fünftel des für den Verkauf der Bleistifte an Herrn Alibert zu zahlenden Anteils;

5) Die durch die Nichtigkeitserklärung des ersten Vertrages herbeigeführte Streichung des obligatorischen Verkaufs von zweitausend Groß Bleistiften jährlich.

Diese neuen Bedingungen lassen sich wie folgt zusammenfassen: Verlust von 496.000 Franken für Herrn Alibert an dem Preis des rohen Graphits, und Verlust von 248.000 Franken an dem ihm vom Verkauf der Bleistifte zukommenden Anteil: also ein Totalverlust von 744.000 Franken für Herrn Alibert und ein Gewinn von 744.000 Franken für Herrn Faber.

Dies war das Ergebniß des zweiten Vertrags.

Wird Herr Faber denselben gewissenhafter beobachten als den ersten? Wird er sich eine Ehrensache daraus machen, Herrn Alibert gegenüber, die Klauseln des Vertrags treulich zu befolgen?

Es dauert nicht lange, so umgeht und übertritt er den Vertrag ohne Scheu. Wir bemerken bald seinerseits eine unablässige Reihe von Machinationen, die alle auf eine gewollte und berechnete Übertretung des Vertrags hinausgehen.

Herr Faber kennt Herrn Alibert's bedrängte Lage; er weiß, daß er all seine Hab und Gut auf die Entdeckung und das Gewinnen des sibirischen Graphits verwendet hat, daß er keine andern Mittel besitzt als den rechtmäßigen Anteil am Verkaufspreis der Bleistifte, welchen ihm der Vertrag sichert, und er hofft, indem er ihm diese Subsistenzmittel abschneidet, ihn ins Elend zu stürzen und auf diese Weise zu den letzten Zugeständnissen zu zwingen.

Er erreicht seinen räuberischen Zweck; er trägt kein Bedenken und läßt sich nicht durch ängstliche Gewissenhaftigkeit zurückhalten. Wir sind im Monat März 1878; plötzlich weigert er sich, den zweiten semestriellen Anteil zu bezahlen, den er Herrn Alibert schuldig ist.

Diesmal glaubt er denselben endlich ganz in seiner Macht zu haben.

Was konnte Herr Alibert, in der That, gegen diesen widerspenstigen und treulosen Schuldner thun, der sich die systematische Übertretung der

Verträge zur Regel gemacht hatte, um desto leichter zu seinem Zweck zu gelangen?

Er konnte sich an die Gerichte wenden.

Schon im Jahre 1875 hatte er sich an die Gerichte gewandt, und drei Vorladungen wurden Herrn Faber zugestellt. In seinem Urtheil vom 2. März 1876 entschied das Handelsgericht in Paris den Prozeß zu H. Alibert's Gunsten; aber Herr Faber appellirte wegen dieses Urtheilsspruches.

Der Prozeß zog sich schon drei Jahre in die Länge hin, als endlich Herrn Alibert die Geldmittel, das Haupterforderniß um einen Prozeß zu führen, gänzlich ausgingen; es ward ihm also unmöglich, den Kampf sogar auf gerichtlichem Wege fortzusetzen.

Aller weiteren Anstrengungen unfähig, erschöpft, krank, der Täuschungen und des Streitens müde, entmutigt und von den Folgen eines längeren Widerstandes gegen einen gewissenlosen Mann über die Maßen erschreckt, der entschlossen war alle noch so verwerflichen Mittel anzuwenden, um zu dem sich gesteckten Ziel zu gelangen, gab Herr Alibert endlich nach, und nahm den Vertrag vom Jahre 1878 an, in welchem Herr Faber ihm, als Preis seines demselben überlassenen Graphits und der im Vertrage von 1865 zu seinen Gunsten eingetragenen Vorteile, welche sich noch, beide zusammen, auf 832.000 Franken beliefen — 75.000 Franken, um seine letzte, noch in Sibirien schuldige Anleihe zu bezahlen, und das Almosen einer jährlichen Leibrente von 10.000 Franken anbot.

V.

Zu dieser kurzzusammengefaßten und raschen Darstellung der unredlichen Handlungen des Hauses A. W. Faber, die ich absichtlich abgekürzt habe um die Aufmerksamkeit meiner Leser nicht zu ermüden, werde ich keine Zeile, kein Wort mehr hinzufügen.

Ich überlasse es denjenigen, welche dieses Werkchen lesen werden, über die Frage zu entscheiden, ob noch irgend ein Zweifel über die Motive, welche den Vergleich vom Jahre 1878 veranlaßt haben, bestehen kann, und ob ich nicht „mit Gewißheit dargestellt habe, daß ich nur durch die Not gezwungen nachgegeben habe, und daß der Vergleich nicht den wirklichen Verhältnissen," das heißt meiner der Firma A. W. Faber gebrachten Einlage, „entsprach."

Nein, „die mir durch den Vergleich vom Jahre 1878 gewährte Entschädigung war ungenügend."

Ich, der mein schon so langes Leben andern Arbeiten als dem Studium der bestehenden Gesetze gewidmet hat, weiß nicht ob irgendwo in einem Gesetzbuch sich ein Gesetz befindet, welches die Beneficianten einer so scandalösen Beraubung erreicht, wie diejenige welcher sich die Firma A. W. Faber gegen mich schuldig gemacht hat.

Aber ich, der schon einen Fuß im Grabe hat, sage bestimmt, daß wenn kein geschriebenes Gesetz dieselben bestraft, das Naturgesetz und das Gewissen aller civilisierten Völker solche Handlungen verwerfen, und diejenigen mit dem Schandfleck der Brandmarkung bezeichnen, welche sich dieselben zu Schulden kommen ließen.

In der ersten Hälfte des endenden Jahrhunderts haben zwei Kinder des Volkes, deren Herkunft mehr als bescheiden war, einander getroffen, der eine ein Franzose, der andere ein Bayer. Der erstere hat durch eine Entdeckung, für welche die Wissenschaft ihm ewig dankbar sein wird, einen gewissen Glanz über seinen Namen verbreitet, der andere war von dem ehrgeizigen Wunsch beseelt, sich durch sein Vermögen über seine Kaste bis zu der höchsten gesellschaftlichen Klasse seines Landes zu erheben.

Der Franzose brachte dem Bayer seine Entdeckung. Durch die Ausbeutung des sibirischen Graphits gelangte Lothar Faber schnell zu einem großen Reichtum. Dieses auf die dargestellte Weise erworbene Vermögen, brachte ihn ebenfalls zu Ehren. Er starb als Mitglied des bayerischen Abgeordnetenhauses und hinterließ seinen Erben eine bedeutende Anzahl von Millionen und den erblichen Titel eines Freiherrn.

Dieser Titel stellt sein Andenken und seine Erben unter die Gerichtsbarkeit des Adelstandes seines Landes.

Ich kann mir also die Frage vorlegen, welche Aufnahme würden meine billigen Forderungen bei dem Wappen-Oberhaupt der Familie Lothar von Faber finden?

Es möchte gewiß nicht, daß das Publikum sagen könne, ein voller Geldsack genüge um in seinen Adel aufgenommen zu werden.

IMPR. PAUL SCHMIDT, PARIS-MONTROUGE (SEINE).

www.ingramcontent.com/pod-product-compliance
Ingram Content Group UK Ltd.
Pitfield, Milton Keynes, MK11 3LW, UK
UKHW020958220726
13924UKWH00002B/769

9 782019 970840